Leos Traumreise

Abenteuer in Australien

Alexandra Liese

www.atelierliese.com

© 2014 Alexandra Liese

Text, Gestaltung, Illustrationen: © 2014 Alexandra Liese

Alle Rechte für die deutschsprachige, englische und russische Ausgabe vorbehalten

Die englische Ausgabe erscheint unter dem Titel

„Leo's Journey"

Die russische Ausgabe erscheint unter dem Titel „Путешествие Лео"

Printed in Germany

ISBN: 978-3-00-043830-1

Mehr Informationen unter www.atelierliese.com

„Jetzt wird es aber Zeit zu schlafen!"

„Ja, Mama, gleich."

„So, ich mache das Licht aus und du die Augen zu. Schlaf schön, mein Spatz! Ich hab dich lieb bis zum Mond und zurück!"

„Ich dich auch, Mama! Bis zum Mond und zurück! Kuss?"

„Na klar, mein Spätzchen." Sie ging noch einmal zu Leo, gab ihm einen Kuss, streichelte zärtlich seinen Kopf und lächelte. „Gute Nacht, Leo." Sie verließ das Zimmer und schloss die Tür.

Endlich kann ich mein neues Buch anschauen, dachte Leo. Er hatte es heute von seiner Tante Savannah geschenkt bekommen und sich schon den ganzen Tag darauf gefreut zu erfahren, was es mit diesem ihm unbekannten Land Australien auf sich hat.

Vorsichtig und leise stand er auf, ging auf Zehenspitzen zum Bücherregal und holte das Buch.

Endlich ist es soweit. Juhu! jubelte Leo innerlich. Ok. Taschenlampe an, Decke über den Kopf und los geht's!

Wie gemütlich das ist. Leo fühlte sich, als wäre er in einer anderen Welt.

Unten im Wohnzimmer unterhielten sich seine Eltern. Leo konnte nicht verstehen, worüber sie sprachen, aber er hörte ihre vertrauten Stimmen.

Aus dem Nebenzimmer, dem Zimmer von Leos kleinem Bruder Aaron, vernahm er das angenehm beruhigende Rauschen des Ventilators, ohne den Aaron nicht einschlafen kann.

Jetzt aber los! Leo schlug vorsichtig die erste Seite des Buches auf.

„Oh! Wer ist das?", entwich es Leo, denn auf ein Mal blickten ihn aus dem Buch heraus zwei große dunkelbraune Augen direkt an. Ihr Blick war so eindrucksvoll und intensiv, dass Leo sich nicht sicher war, ob ihn ein echter Mensch anschaute.

Schnell wieder zu! Leo schlug das Buch zu und sprang aus dem Bett. Sein Herz klopfte wild vor Aufregung und er atmete heftig, aber Angst verspürte Leo komischerweise keine.

Leo schaute sich in seinem dunklen Zimmer um. Die Stimmen seiner Eltern waren immer noch gut zu hören, ebenso das Rauschen des Ventilators aus Aarons Zimmer.

Au Mann! Ist doch alles in Ordnung. Das ist bloß ein Bilderbuch.

Hab ich vielleicht eine Fantasie! Da hat Mama schon Recht, beruhigte sich Leo und schlüpfte wieder unter seine Bettdecke.

Er schaltete die Taschenlampe wieder an und schlug die erste Seite des Buches wieder auf. Wieder blickten ihn die zwei großen dunkelbraunen Augen an. Sie gehörten zum Gesicht eines Jungen. Er lächelte Leo an. Seine Haut hatte eine schöne Farbe, die der Leos Lieblingsschokolade ähnelte. Der Junge hatte schwarze, schulterlange lockige Haare und seine Nase erinnerte Leo ein wenig an eine kleine Kartoffel.

Leo las den Text unter dem Bild: „Aaa-boo-riii-giii-neee Juuun-gee. Aborigine Junge!"

Was? Wer? Leo überlegte. Wer sind Aborigines? Dieses Wort hatte er noch nie gehört.

„Weißt du es wirklich nicht?", fragte plötzlich eine Stimme.

Leo zuckte zusammen. Wer war das denn gerade? Habe ich mich vielleicht verhört?

„Nein hast du nicht!", sagte die Stimme.

Leo sprang erneut aus dem Bett. Nein, nein, nein! Das kann doch nicht sein! So etwas gibt es nicht! Leo ging zu seinem Spiegelschrank und schaute sich an. Hatte er vielleicht Fieber, oder ist er krank geworden? Wie sieht sein Hals aus?

Leo öffnete den Mund, streckte seine Zunge heraus und sagte: „Aaaaa."

„Wer bist du?", fragte Leo in den Raum.

„Ich bin der Aborigine Junge aus deinem neuen Buch, dem Buch über Australien", antwortete die Stimme freundlich.

„Wie geht denn sowas? Träume ich?" Leo näherte sich langsam seinem Bett.

„Quatsch! Nein, Leo, du träumst nicht... Na ja, vielleicht ein ganz klein wenig", sagte der Aborigine Junge spitzbübisch. „Aber mich gibt es trotzdem. Ich bin so real, wie du oder dein Zimmer, deine Taschenlampe oder dein neues Buch."

„Aha! Ok. Und wie heißt du?" Leo setzte sich wieder auf sein Bett und nahm das Buch in die Hand.

„Mein Name ist Eualldo", sagte der Aborigine Junge.

„Eualldo! Was für ein schöner Name! So einen Namen habe ich noch nie gehört", staunte Leo.

„Bei den Aborigines ist es ein beliebter Name", sagte Eualldo. Eine Weile betrachteten sich Leo und der Junge nachdenklich und dann fragte Eualldo: „Leo, möchtest du meine Heimat kennenlernen?"

„Ja! Klar! Geht das denn?", schoss es ganz aufgeregt aus Leo.

„Aber sicher doch!" Eualldo streckte Leo seine Hand entgegen und sagte: „Mein Freund, gib mir deine Hand und ich zeige dir die faszinierende Welt, aus der ich komme!"

Leo lächelte, atmete tief durch und nahm Eualldos Hand.

Dieser zwinkerte Leo lächelnd zu.

Im nächsten Moment begann Leos Zimmer sich zu drehen, sein Bücherregal verschwand vor seinen Augen, sein Spiegelschrank löste sich auf und selbst sein Bett wurde durchsichtig und verschwand.

Plötzlich stand Leo auf einer scheinbar unendlich weiten Ebene vor einem riesengroßen Berg, noch immer Hand in Hand mit Eualldo.

Genau genommen war dieser Berg ein rot-orangener Riesenfels.

Ein warmer Wind wuschelte durch Leos Haar, Sonnenstrahlen kitzelten seine Nase und Wangen, die rote und ockerfarbene Erde unter seinen Füßen füllte sich angenehm an.

„Wo sind wir?" Leo schaute sich um und versuchte noch immer zu begreifen, was gerade geschehen war.

„Wir sind in Australien, Leo. Das ist mein Zuhause!" Eualldo zeigte mit der Hand auf den Riesenfels.

„Um genau zu sein, stehen wir gerade vor dem Uluru, oder Ayers Rock. So nennen die weißen Australier ihn. Komm mit! Ich zeige dir etwas."

Sie liefen gemeinsam auf den Uluru zu und Eualldo erzählte, dass die Aborigines die Ureinwohner Australiens sind. Sie leben hier schon seit über vierzig tausend Jahren und der Uluru ist heilig für sie. Er ist ein ganz besonderer Ort, verbunden mit vielen Ereignissen und Legenden.

Sie kamen dem Berg immer näher und rote Erde färbte auf Leos Füße ab. Erst jetzt kam Leo dazu seinen Begleiter näher zu betrachten.

Eualldo war so groß, wie Leo selbst, trug lediglich dunkle Shorts und hatte keine Schuhe an.

Eualldo blickte nachdenklich in die Ferne. Zwischendurch zeigte er Leo einige Wasserstellen und Höhlen am Fuß des Ulurus. Neben einer Höhle blieben sie stehen.

In der Ferne sah Leo zwei Kängurus vorbei hüpfen. Sie blieben kurz stehen und schauten in Leos Richtung, als wollten sie ihn begrüßen und sprangen dann weiter.

Leo lächelte, er mochte Kängurus. Mama hat ihm mal aus seinem Tierlexikon von Kängurus vorgelesen.

Leo erinnerte sich, dass Kängurus sehr schnell auf ihren Hinterbeinen springen können und dabei mit ihrem kräftigen Schwanz die Balance halten. Die Sprünge der Riesenkängurus sind manchmal mehr als dreizehn Meter lang.

Leo erinnerte sich, dass Kängurus Beuteltiere sind, so dass das Kängurubaby seine Mutter immer begleitet, egal, wohin sie gerade hüpft. Leo fand das ziemlich cool.

„Bei den Aborigines existiert eine Legende über das erste Känguru. Möchtest du sie hören, Leo?", fragte Eualldo.

„Ja klar!", rief Leo erwartungsvoll.

„Ein Riese namens Craitbul und dessen zwei Söhne wollten sich eine schöne Zeit machen. So schnitzten sie eine seltsam ausschauende Figur aus Baumrinde, die kurze Arme, große starke Beine, einen langen kräftigen Schwanz und große spitze Ohren hatte. Der Riese schaute sich die Figur an und sie gefiel ihm. Er atmete tief ein und hauchte der Figur Leben ein. So entstand das erste Känguru", erzählte Eualldo.

„Das ist ja eine tolle Geschichte!", meinte Leo.

„Finde ich auch! Komm mit, ich will dir diese Höhle zeigen", Eualldo deutete mit der Hand auf eine Höhle und sie gingen hinein.

In der Höhle war es sehr kühl, so dass Leo eine Gänsehaut bekam. Schließlich hatte er ja immer noch lediglich seinen Schlafanzug an.

Nachdem sich seine Augen an das Dämmerlicht in der Höhle gewöhnt hatten, schaute Leo sich genauer um.

Er sah viele wunderschöne und auch ungewöhnliche Bilder an den Steinwänden der Höhle aufgemalt. Viele verschiedene Pflanzen, unzählige Tiere und Menschen waren darauf zu sehen. Leo betrachtete diese Felsmalereien ganz fasziniert.

„Wer hat das gemalt?", Leo schaute Eualldo fragend an.

„Das waren meine Vorfahren, Leo, die Aborigines. Wir sind die älteste Zivilisation auf der Welt. Wir glauben daran, dass Menschen eng mit der Natur verbunden sind. Wir zerstören die Natur nicht, sondern respektieren, schützen und pflegen sie. Deswegen verewigen wir sie in unseren Bildern", Eualldo lief in der Höhle umher, betrachtete die Bilder an den Steinwänden und erzählte weiter.

„Meine Vorfahren haben mit diesen Bildern ihre Geschichten und Legenden erzählt. Hier, Leo, schau mal!", Eualldo zeigte auf einige Bilder.

„Das hier sind tanzende Frauen und spielende Kinder, Männer, die vor einer Feuerstelle sitzen und Tiere, die aus einer Wasserstelle trinken." Eualldo ging noch ein paar Schritte tiefer in die Höhle und drehte sich zu Leo.

„Sieh dir das hier mal an!" Eualldo lächelte Leo freundlich an. Dieser lief zu seinem neuen Freund und betrachtete neugierig die Zeichnung an der Höhlenwand.

„Das sind zwei Hände!" Leo kam noch näher an die Wand, um sich das Bild genauer anzuschauen.

„Richtig. Genau genommen sind das zwei Handflächen. Aber schau dir an, wie sie gemalt wurden", erwiderte Eualldo.

Leo betrachtete das Bild und sah eigentlich nur die Form zweier Hände umringt von zahllosen Tropfen Farbe.

„Das ist ja irre!", schrie Leo beinahe. „Die haben ja nur die Flächen um die Hände herum bemalt. Wie macht man so etwas, Eualldo?"

„Das ist wirklich irre, oder? Also, meine Vorfahren waren die Erfinder der Sprühfarben. Sie haben sich Farben aus Erde, Pflanzen und Beeren gerührt und diese dann mit dem Mund auf ihre an der Steinwand liegenden Hände gepustet. So haben sie dann Farbspritzer um die Handflächen erzeugt", erzählte Eualldo und führte Leo mit seinen Händen vor, wie diese Bilder genau entstanden sind.

„Das ist toll!", Leo war begeistert von dieser Art zu malen. Er konnte gar nicht abwarten, dass alles zu Hause und in der Schule zu erzählen.

„Ich kenne Sprühfarben nur aus der Dose. Bei uns in Deutschland werden auch viele Wände mit Farben aus der Sprühdose verschönert. Aber das hier ist was ganz Anderes!"

„Malst du manchmal auch, Leo?", fragte Eualldo neugierig.

„Oh ja, Malen hat mir schon immer Spaß gemacht. Manchmal stehe ich schon früh auf und fange gleich an zu malen, noch bevor ich mich umgezogen und Zähne geputzt habe", erzählte Leo begeistert. „Das schönste am Malen ist, dass ich einfach alles, was mir gerade in den Sinn kommt, zu Papier bringen kann. Ich kann malen, was immer ich möchte!"

„Ganz genau! Geht mir auch so!", bestätigte Eualldo. „Sag mal Leo, weißt du eigentlich, was ein Didgeridoo ist?" Leo konnte sich nicht erinnern, dieses Wort schon einmal gehört zu haben.

„Nein, wieso?"

„Na dann komm, ich zeige dir, was das ist." Eualldo reichte Leo seine Hand. „Nimm meine Hand, mein Freund!" .Wieder lächelte Eualldo und zwinkerte Leo zu.

Ein leichtes Schwindelgefühl überkam Leo. Alles fing an sich um die beiden zu drehen, die Felsenbilder lösten sich vor Leos Augen auf, die Höhle und der rot-orangene Uluru verschwanden. Plötzlich standen Leo und Eualldo auf einer Lichtung mitten in einem Wald.

Leo schaute sich um. Der Wind raschelte durch das Laub der Bäume.

Der Boden war übersät von kleinen, trockenen Zweigen und Ästen. Auch größere Baumstämme lagen kreuz und quer auf dem Boden, teilweise mit Moos bedeckt. Es fühlte sich an, als stünden sie auf einem großen weichen Teppich.

Je länger Leo sich umschaute, desto mehr viel ihm auf, dass da Bäume mit länglichen dunkelgrünen Blättern waren, die wunderbar rochen. Ihr Geruch erinnerte Leo an eine Salbe, mit der seine Mama ihn immer einrieb, wenn er Husten hatte.

Plötzlich sah Leo, wie sich etwas auf einem Baum bewegte. Was ist das? Ein Tier? Vielleicht sollte ich etwas näher ran gehen, damit ich es besser sehen kann, dachte Leo sich.

Eualldo schien seine Gedanken gelesen zu haben, denn er sagte: „Na klar, lass uns ruhig näher rangehen, Leo. Du wirst sehen, dass du dieses Tier sehr wohl kennst", Eualldo lächelte und führte Leo zu jenem Baum.

Leo schaute angestrengt den Baum hoch. Plötzlich begannen seine Augen zu funkeln und er schrie fast schon vor Freude: „Wow! Das ist ja ein Koala! Unglaublich!" Leo hüpfte ganz aufgeregt um den Baum herum. „Ich habe noch nie einen Koala in Wirklichkeit gesehen, nur auf Bildern oder im Fernsehen!"

„Er frisst gerade Blätter vom Eukalyptusbaum. Das ist nämlich seine Lieblingsspeise.

Wenn wir hier ganz ruhig stehen bleiben, kommt er vielleicht zu uns runter. Dieser Koala kennt mich nämlich sehr gut", sagte Eualldo.

„Ok", flüsterte Leo. „Dann lass uns leise abwarten."

Eualldo und Leo setzten sich vorsichtig auf einen großen von Moos bedeckten Stein neben den Baum und schauten erwartungsvoll nach oben zum Koala. Nach einer Weile bemerkte dieser sie. Er erkannte Eualldo offensichtlich wieder, denn er kletterte langsam und immer noch kauend den Baumstamm hinab.

Erst jetzt konnte Leo den Koala so richtig betrachten. Sein flauschiges graues Fell schimmerte silbern im Sonnenschein, seine kurzen Beine umfassten den Baumstamm kräftig und seine funkelnden schwarzen Augen ließen nicht von Eualldo ab. Der Koala lief gemächlich zu Eualldo und kletterte auf dessen Schoß.

„Hallo, mein Freund!", begrüßte Eualldo den Koala liebevoll. „Wie geht es dir heute?"

Der Koala stupste seine Nase gegen Eualldos Wange und schnurrte vergnügt.

„Das heißt gut, nehme ich an", lächelte Eualldo und strich dem Koalabär zärtlich über den Kopf.

„Möchtest du ihn auch kurz halten, Leo?", fragte Eualldo.

„Na klar! Unbedingt!" Leo streckte seine Arme begeistert dem Koala entgegen.

Dieser allerdings hatte längst begonnen, von Eualldos Schoß auf Leos Beine zu klettern. Er setzte sich auf Leos Schoß und, Leo traute seinen Augen kaum, umarmte Leo. Die kleinen kräftigen Vorderbeinchen schoben sich um Leos Schultern, die Hinterbeinchen um seinen Brustkorb.

Leo stockte der Atem! Er konnte sein Glück nicht fassen!

„Das fühlt sich ja an, als würde mich ein kleines Kind umarmen! Mein kleiner Bruder Aaron umarmt mich ganz genauso." Leo streichelte das weiche Fell des Koalas.

„Hallo, ich bin Leo!", sagte er zum Koala.

„Ich bin ein Freund von Eualldo und freue mich sehr, dich kennenzulernen!", Leo schaute Eualldo an und sagte: „Danke, dass du mich hierher gebracht hast!"

„Sehr gerne!", Eualldo lächelte voller Freude. „Jetzt müssen wir aber weiter. Auf Wiedersehen, mein kuscheliger Freund!", sagte er freundlich zum Koalabär.

Leo setzte den Koala vorsichtig auf die Erde und verabschiedete sich auch von ihm. Der Koala brummte und lief langsam zurück zu seinem Eukalyptusbaum.

„Vollführst du jetzt wieder deinen Trick?", fragte Leo lächelnd. „Ich wette, du nimmst gleich meine Hand, zwinkerst mir wieder zu und alles beginnt sich vor meinen Augen zu drehen, verschwindet dann und wir werden an einem ganz anderen Ort landen.

Stimmt's?"

„Stimmt!", antwortete Eualldo schmunzelnd. „Wir könnten natürlich auch zu Fuß gehen, aber Australien ist riesig und wir würden sehr lange dafür brauchen. Außerdem macht es viel mehr Spaß, etwas Magie zu benutzen!", sagte Eualldo und beide mussten lachen.

„Da hast du Recht!", gluckste Leo noch immer. Er gab Eualldo seine Hand. Dieser zwinkerte Leo zu und auf einmal drehte sich alles um sie herum und sie landeten in einem Wald, aus lauter kleinen und großen vertrockneten Bäumen.

„Wow! So langsam gewöhne ich mich an deine Zauberkunst!" Leo lachte immer noch.

„Schau mal", Eualldo zeigte auf einen trockenen, hohlen Baum. „Die Aborigines suchen sich einen von Ameisen ausgehöhlten Eukalyptusbaumstamm und machen sich daraus ein Didgeridoo."

„Was ist denn nun ein Didgeridoo?", sah Leo Eualldo fragend an.

„Das ist ein traditionelles Musikinstrument der Aborigines. Wir spielen es bei unseren Gesängen und Tänzen", erklärte Eualldo.

„Aber das hier ist doch nur ein unbrauchbarer trockener und hohler Baumstamm", wunderte sich Leo.

„Und genau daraus werden die Didgeridoos gemacht. Pass auf Leo: erst werden sie mit einer Axt gefällt, dann werden lose Teile entfernt und zum Schluss wird heiße Luft durch den Stamm geblasen und damit der Innenraum gereinigt", erklärte Eualldo.

„Wie macht man das mit der heißen Luft?", fragte Leo interessiert.

„Die Aborigines machen ein Lagerfeuer und legen das eine Ende des Baumstamms ans Feuer damit die heiße Luft des Feuers durch den hohlen Stamm aufsteigt und diesen reinigt." Eualldo gestikulierte wild mit seinen Händen, um Leo zu zeigen, wie genau es gemacht wird.

„Und was passiert dann?", fragte Leo ganz gebannt.

„Dann wird die Rinde vom Baumstamm entfernt, die Oberfläche mit Sand geglättet und mit Farbe bemalt. Schau her!", Eualldo ging ein paar Schritte weiter und holte hinter einem kleinen Busch ein Didgeridoo hervor.

Er gab es Leo und sagte stolz: „Das ist mein Didgeridoo!"

Leo kam aus dem Staunen gar nicht raus! Es war unglaublich, wie aus einem einfachen Stück Trockenholz so etwas Tolles entstehen kann.

„Hast du es absichtlich hier mitten im Wald versteckt?", fragte Leo überrascht.

„Na ja, ich wusste, dass ich dir diesen Ort zeigen werde, also habe ich es hergebracht", antwortete Eualldo.

„Dein Didgeridoo ist großartig!", sagte Leo bewundernd und schaute sich das Musikinstrument genauer an.

Auf dunkelbraunen Hintergrund waren rote und orangene Eidechsen, weiße Kängurus, schwarze und ockerfarbene Linien gemalt und dazwischen tausende kleine weiße Punkte.

„So ein schönes Musikinstrument habe ich noch nie gesehen!", sagte Leo. „Ich spiele selbst Gitarre, aber sie ist ganz schlicht. Kannst du nicht etwas auf dem Didgeridoo für mich spielen, bitte?", fragte Leo erwartungsvoll.

„Na klar!" Eualldo lächelte, nahm Leo das Didgeridoo aus der Hand und fing an durch das eine Ende des Didgeridoos zu blasen, wie man es bei einer Trompete macht.

Leo hörte einen ungewöhnlich langen und tiefen Ton. Er hatte so einen Ton noch nie in seinem Leben gehört. Es war, als trompeteten mehrere Elefanten gleichzeitig, nur dass Eualldos Töne schöne Musik ergaben.

Eualldo blies wieder und wieder kräftig durch das Didgeridoo. Leo stand wie angewurzelt da und lauschte den originellen Tönen der Aborigines.

Er erinnerte sich auf einmal an die schönen Bilder, die er vorhin mit Eualldo in der Höhle am Uluru gesehen hatte.

Er stellte sich vor, wie die Aborigines zusammen sangen und tanzten, wie sie beisammen vor dem Feuer saßen und sich gegenseitig spannende Geschichten erzählten. In seiner Vorstellung sah er Kängurus an sich vorbei springen und Koalas, die langsam auf Eukalyptusbäumen umher kletterten. Leo war wie gefangen in dieser für ihn ganz neuen und ungewöhnlichen Welt der Aborigines.

„Hat dir meine Musik gefallen?", Eualldo hatte inzwischen aufgehört zu spielen und schaute Leo lächelnd an. Leo schien nicht zu reagieren.

„Leo! Leeeooo!"

„Was? Wie? Oh, Entschuldigung! Du kannst wirklich sehr gut spielen!", Leo musste erst wieder zu sich kommen. Er schaute sich kurz um, um sich daran zu erinnern, wo er gerade war.

„Das war sehr, sehr schön! Ich wünschte, ich könnte die Menschen mit meiner Musik auch so verzaubern!", sagte Leo immer noch verträumt.

„Danke, mein Freund! Aber ich bin mir sicher, dass du genau das tust, wenn du Gitarre spielst!", erwiderte Eualldo.

„Beim nächsten Mal, wenn du wieder musizierst, schau einfach in die Augen deines Bruders oder deiner Eltern. Dann wirst du sehen, dass ich Recht habe." Leo nickte zustimmend.

„Es gibt auch eine Legende über die Entstehung des Didgeridoos", erzählte Eualldo. „Eines Tages sammelten ein paar Aborigine Frauen Feuerholz und fanden ein Stück, welches hohl war. Sie hatten bereits genug Holz gesammelt und so nahmen sie noch dieses eine Stück und kehrten in ihr Lager zurück. Dort stapelten sie das Feuerholz und plötzlich begann der Wind stärker zu wehen. Die Frauen hörten einen ungewöhnlichen aber sehr schönen Ton. Sie fingen an zu suchen, woher dieser kam. Nach einer Weile fanden sie dann heraus, dass er aus dem Holzstapel kam. Sie dachten dann: was der Wind kann, können wir auch. Seither bauen sie sich aus dem hohlen Holz Didgeridoos, tanzen und singen zu dessen Musik" Eualldo beendete seine Erzählung und schaute Leo an.

„Eine wunderschöne Legende!", meinte Leo noch immer ein wenig verträumt.

„Ja, das ist sie!", antwortete Eualldo.

„Du musst bestimmt Durst haben. Komm Leo, wir trinken etwas" Eualldo zeigte auf eine Reihe von Büschen. „Dort, hinter den Büschen gibt es eine Wasserstelle."

Die beiden Jungs liefen zu den Büschen und fanden hinter diesen einen kleinen Bach. Eualldo bückte sich zu Boden und trank aus dem Bach.

„Hmmmm! Tut das gut!" Eualldo wischte sich die Wassertropfen von seinem Mund und lächelte. „Willst du auch?"

Leo kam sich etwas unbeholfen vor, denn bis jetzt hatte er immer nur aus einem Becher oder einer Tasse getrunken. Noch nie ohne, und schon gar nicht so, wie Eualldo gerade.

„Ähh... Ok!", sagte er dann aber doch, bückte sich ebenfalls zu Boden und trank ein kleines Schlückchen.

„Das schmeckt ja richtig frisch! Und kalt!", lächelte Leo und trank so viel er nur konnte. „Du hattest Recht, Eualldo, das tut richtig gut!" Leo lachte glücklich.

„Ich glaube, wir haben Gesellschaft, Leo", Eualldo zeigte auf ein Tier, das sich der Wasserstelle näherte.

„Was ist das denn für ein merkwürdiges Tier? So eines habe ich noch nie gesehen!", sagte Leo.

„Das ist ein Wombat. Wombats sind pflanzenfressende Beuteltiere, genauso, wie Kängurus", erklärte Eualldo.

Leo betrachtete den Wombat. Mit seinem graubraunen Fell, kleinen Beinen, kurzen Ohren und kleinen schwarzen Knopfaugen sah er ein bisschen aus wie ein riesengroßer Hamster oder ein ganz kleiner Bär.

Eigentlich sollte man dieses komische Tier nicht Wombat, sondern Hamsterbär nennen, überlegte Leo und lächelte in sich hinein.

33

„Wusstest du, dass Wombats sehr gerne graben? Und zwar ganz tief! Sie haben sehr scharfe Krallen, mit denen sie sich Wohnhöhlen in die Erde graben. Diese Höhlen sind richtig lang, Leo! Ich habe einmal eine zwanzig Meter lange Wohnhöhle gesehen!", erzählte Eualldo begeistert.

„Was? So lang? Total irre!", rief Leo fasziniert.

„Sie schlafen meistens tagsüber in ihrer Höhle und kommen erst in der Nacht heraus, um auf Nahrungssuche zu gehen", ergänzte Eualldo.

„Jetzt hat er auch Durst, der Kleine. Dann lassen wir ihn mal am Besten in Ruhe trinken und gehen weiter", sagte Eualldo.

Noch ein Beuteltier und dann auch noch so süß, dachte Leo bei sich. Die Jungs liefen vorsichtig rückwärts, um den Wombat nicht zu erschrecken. Dann drehten sie sich um und gingen weiter den Bach entlang zwischen vermoosten Steinen und kleinen Ästen.

Leo war glücklich. Er hat schon so vieles gesehen in Eualldos Heimatland. Er war ganz gespannt, was als nächstes kommen würde.

„Na ja, ich hoffe, dass ich dir auch einen Platipus zeigen kann", sagte Eualldo und Leo hatte wieder das Gefühl, er hätte seine Gedanken gelesen.

„Einen Platipus? Was ist das für ein Tier?", wunderte sich Leo. Er hat noch nie von einem Platipus gehört.

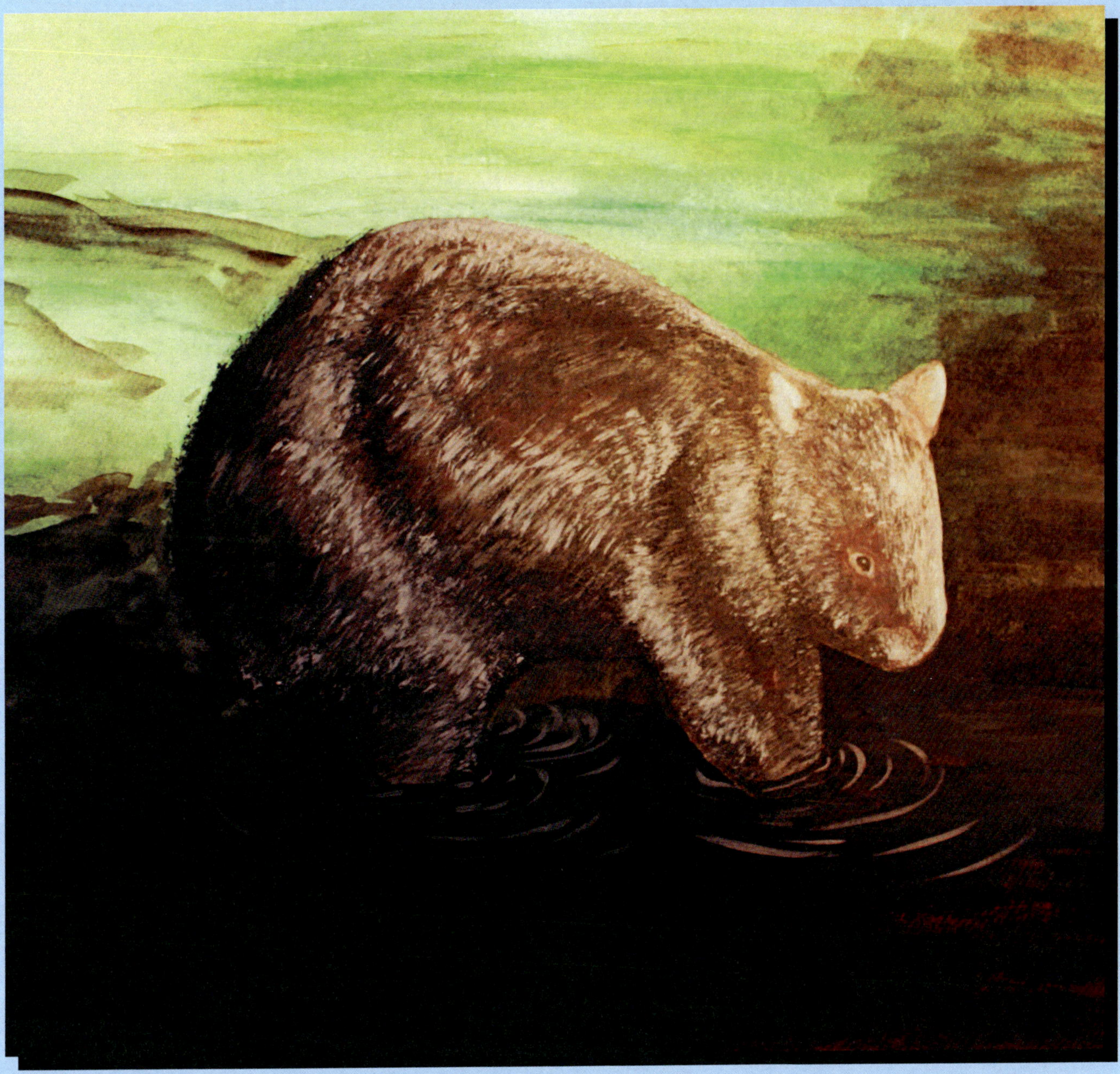

„Die weißen Australier nennen ihn auch Schnabeltier", erklärte Eualldo.

„Der Platipus ist ein eierlegendes Säugetier und verbringt die meiste Zeit im Wasser. Er frisst Würmer und Krabben und mit seinem breiten Schnabel kann er große Steine unter Wasser umdrehen", fuhr Eualldo fort und schaute gleichzeitig auf die Wasseroberfläche.

Der Bach wurde zunehmend breiter, sah schon eher aus wie ein Fluss. Das Wasser war ruhig und spiegelglatt. Plötzlich vernahmen Leo und Eualldo ein Geräusch, welches sich wie Wasserplantschen anhörte.

„Ich glaube, wir haben ihn gefunden!" Eualldo strahlte und schaute auf eine Stelle kreisförmiger kleiner Wellen im Wasser. Auch Leo versuchte etwas im Wasser auszumachen, doch er sah nichts.

Oder doch? Da war doch etwas im Wasser! Leo glaubte für eine Sekunde, einen dunklen Fleck unter Wasser gesehen zu haben. Und dann noch Mal!

„Psst! Sei jetzt leise Leo!", flüsterte Eualldo. „Der Platipus kommt bestimmt bald aus dem Wasser. Wir wollen ihn nicht erschrecken."

Eualldo kniete sich hin und bedeutete Leo, es ihm gleich zu tun. Sie saßen beide leise da und warteten.

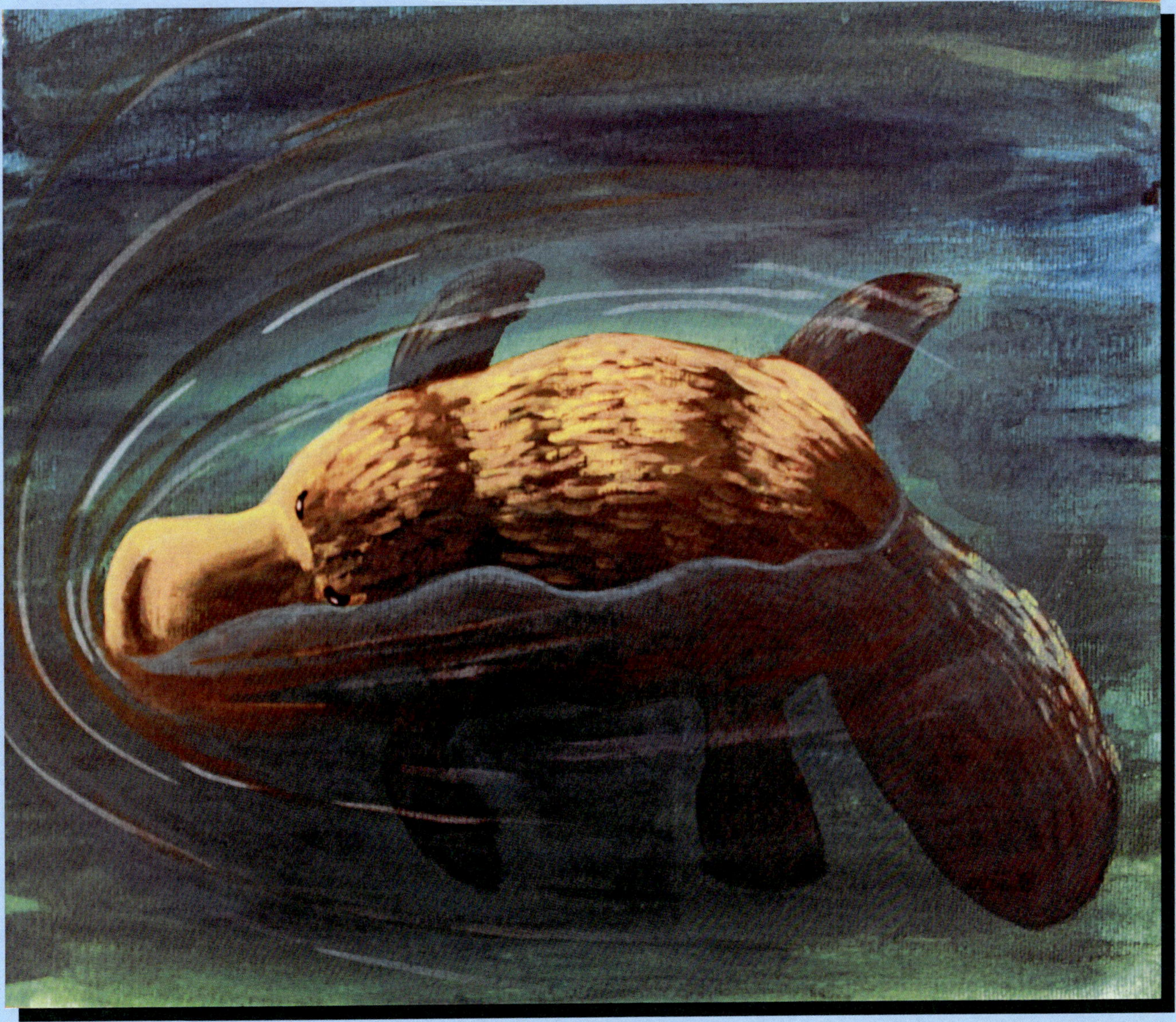

Und tatsächlich! Das Wasser wurde an einer Stelle unruhig und plötzlich sah Leo ein kleines Tier zum Ufer schwimmen. Es hatte dunkelbraunes Fell, einen breiten kräftigen Schwanz, Füße mit Schwimmhäuten und einen breiten entenähnlichen Schnabel.

So sieht also ein Platipus aus, dachte Leo. Der Platipus kam ans Ufer und krabbelte aus dem Wasser. Er hat den Körper eines Bibers und den Schnabel einer Ente. Seltsame Mischung, dachte Leo und überlegte weiter, dass er dieses Tier wohl nicht Schnabeltier, sondern „Biberente" genannt hätte. Das wäre ja viel lustiger. Mit diesem Gedanken grinste Leo verschmitzt in sich hinein.

„Gute Idee!", lachte Eualldo.

Er weiß immer, was ich denke! Wie macht er das bloß, überlegte Leo erstaunt. Eualldo lächelte nur schelmisch.

„Er zieht sich bestimmt in seinen Bau zurück. Wusstest du, dass der Platipus im Wasser seine Augen und Ohren geschlossen hält?", fragte Eualldo. Leo schüttelte mit dem Kopf.

„Er braucht nämlich seine Augen unter Wasser nicht. An seinem Schnabel hat er elektrische und mechanische Rezeptoren, mit denen er die kleinste Muskelbewegung seiner Beutetiere und auch Wasserwellen erkennen kann", erklärte Eualldo.

„Erstaunlich!", sagte Leo fasziniert.

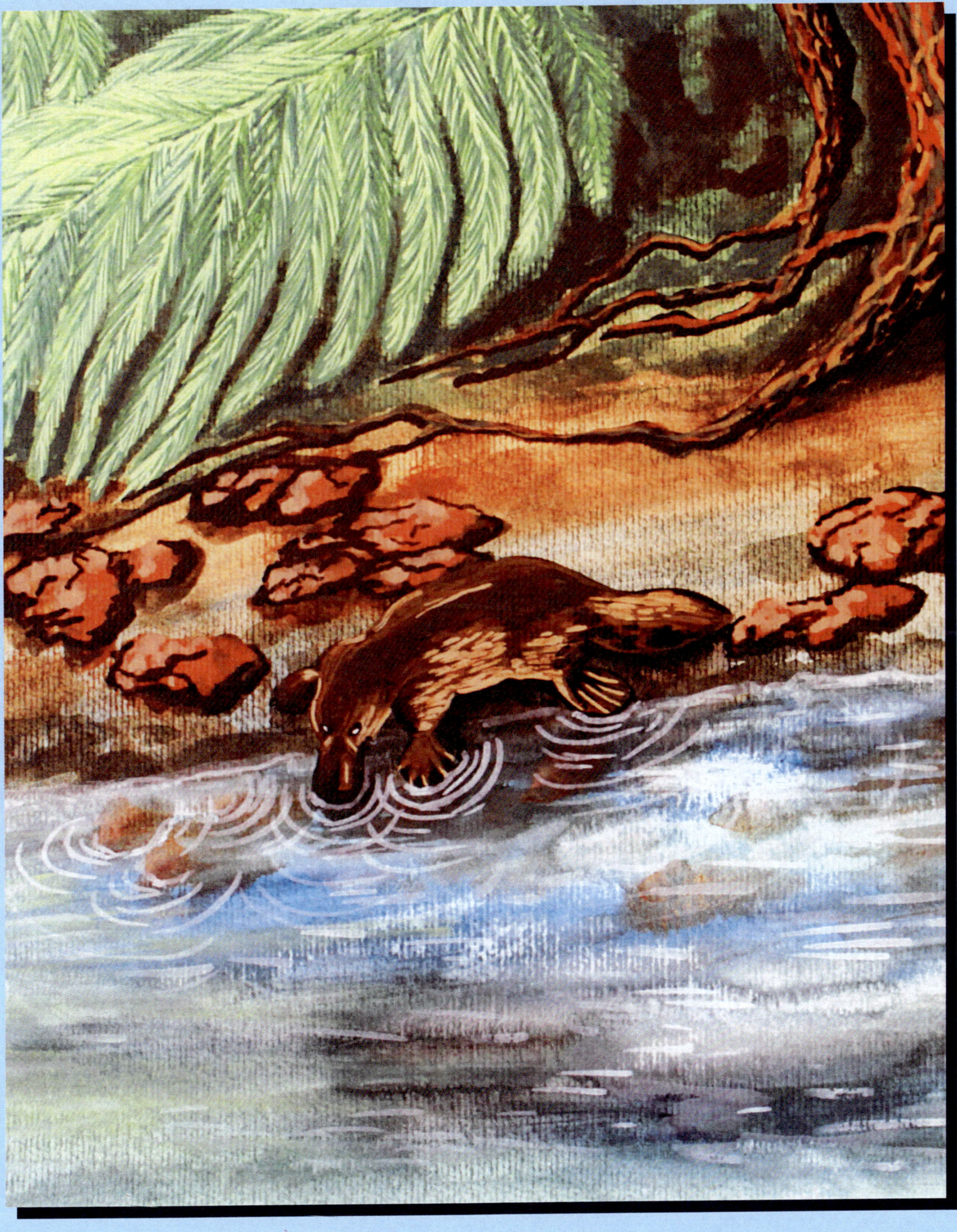

„Mein Volk hat auch eine Legende über den Platipus, die besagt, dass eine Ente und eine männliche Schwimmratte zusammen Nachwuchs hatten. So war der erste Platipus geboren. Seinen Schnabel und die Schwimmhäute an den Füßen hatte er von der Mutter, das braune wasserdichte Fell vom Vater vererbt", fuhr Eualldo fort.

„Interessante Geschichte!", Leo beobachtete den Platipus, wie er sich in den Ästen, Blättern und im weichen Moos am Ufer suhlte.

Leo und Eualldo schauten dem Platipus noch eine Weile zu dann sagte Eualldo: „Am besten wir lassen ihn jetzt in Ruhe, Leo. Wir gehen etwas weiter und machen ein Feuer. Du bist bestimmt müde und willst dich etwas ausruhen", Leo nickte und verabschiedete sich gedanklich vom Platipus.

Die Sonne ging langsam runter, der Himmel leuchtete rot orange am Horizont und Leo merkte mittlerweile, dass er tatsächlich ganz schön müde geworden ist.

Unterwegs sammelten Leo und Eualldo trockenes Holz. An einer geeigneten Stelle bückte sich Eualldo, nahm einen kleinen Ast, stellte das untere Ende des Astes auf ein breiteres Stück Holz und begann den Ast ganz schnell zwischen seinen Handflächen zu drehen. Nach einer Weile qualmte es aus dem Holz ein wenig. Eualldo pustete vorsichtig und legte noch etwas trockenes Gras dazu. Er drehte den Ast weiter sehr schnell und der Rauch wurde immer dichter, bis sich schließlich ein Feuer entzündete.

41

42

Eualldo legte noch ein paar trockene Äste hinzu. Das Feuer brannte nun richtig.

Leo beobachtete das Ganze fasziniert. „Bei uns in Deutschland zündet man Feuer mit einem Feuerzeug an. Ich habe nicht gewusst, dass man es auch anders machen kann", staunte er.

„Die Aborigines haben schon vor sehr langer Zeit gelernt, wie man Feuer macht, es bewahrt und es für seine Zwecke nutzt", erzählte Eualldo.

Sie setzten sich auf den warmen Boden, schauten in die Flammen, die Glut, den Sonnenuntergang am Horizont und schwiegen.

„Tjurkurrpa!", murmelte Eualldo und schaute verträumt ins Feuer.

„Wie bitte?" Leo sah ihn fragend an.

„*Tjurkurrpa* ist das, woran wir Aborigines glauben. Die weißen Australier haben dieses Wort als *Traumzeit* oder *Schöpfungszeit* übersetzt.

Die *Schöpfungszeit* war gestern, sie ist heute und wird auch morgen sein. Das ist die Zeit der Schöpfung: die Menschen, die Tiere, die Pflanzen, das Land, die Kunst. Wir glauben daran, dass Menschen Teil der Tiere und Tiere Teil der Menschen sind. Wir glauben an eine harmonische Beziehung aller Dingen zueinander. Aus diesem Glauben heraus entstanden unsere Kultur, unsere Rituale und unsere Kunst. Wenn wir tanzen, singen oder malen erinnern wir uns an *Tjurkurrpa* und das verleiht uns viel Kraft. Auf diese Weise können wir die Schöpfung fortführen", erzählte Eualldo.

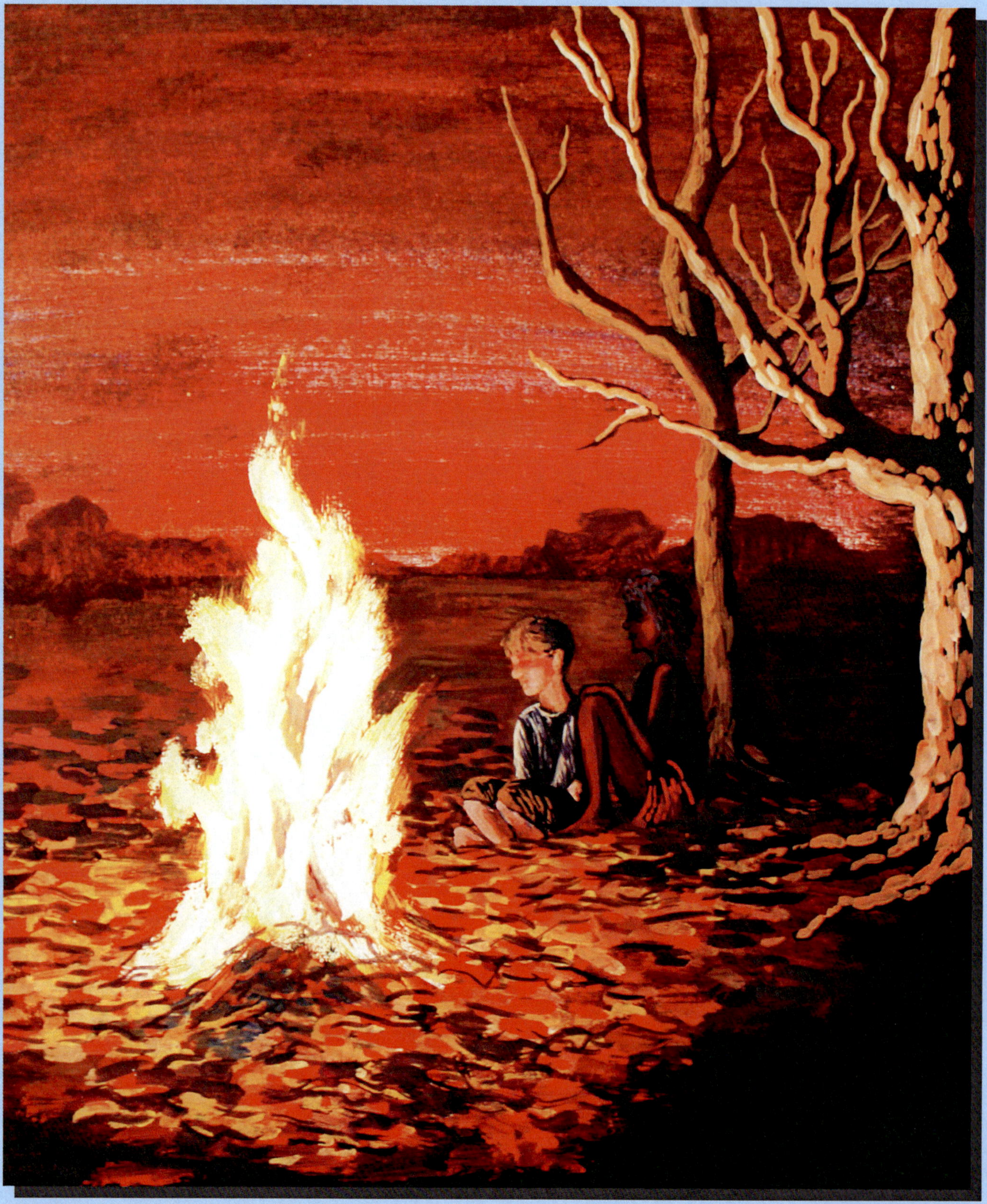

Die beiden Freunde saßen noch lange vor dem Feuer. Inzwischen war es dunkel geworden. Leo hörte das brennende Holz zischen und sah den zum Himmel fliegenden Funken nach.

In Gedanken zogen jetzt noch einmal alle Erlebnisse des heutigen Tages zusammen mit Eualldo an Leo vorbei. Ich würde bestimmt Stunden brauchen, das alles zu Hause zu erzählen, dachte Leo.

„Das glaube ich auch!", sagte Eualldo und lächelte Leo an.

„Bald wirst du wieder Zuhause sein und tief und fest in deinem Bett schlafen. Aber ich möchte, dass du das, was du heute erfahren hast, nie vergisst. Erzähl deinen Eltern, deinem Bruder und deinen Freunden über uns und unser Land. Dann werden immer mehr Menschen über uns Aborigines und unsere Traumzeit nachdenken und vielleicht auch etwas dazulernen", Eualldo zwinkerte Leo zu, nahm seine Hände und noch während Leo sagte: „Das tue ich!", drehte sich schon wieder alles.

Die tanzenden Funken, das Feuer und Eualldos freundlich lächelndes Gesicht lösten sich vor Leos Augen wie im Nichts auf. Leo lag plötzlich wieder in seinem Bett zu Hause, er schlief tief und fest und träumte von Eualldos Welt.

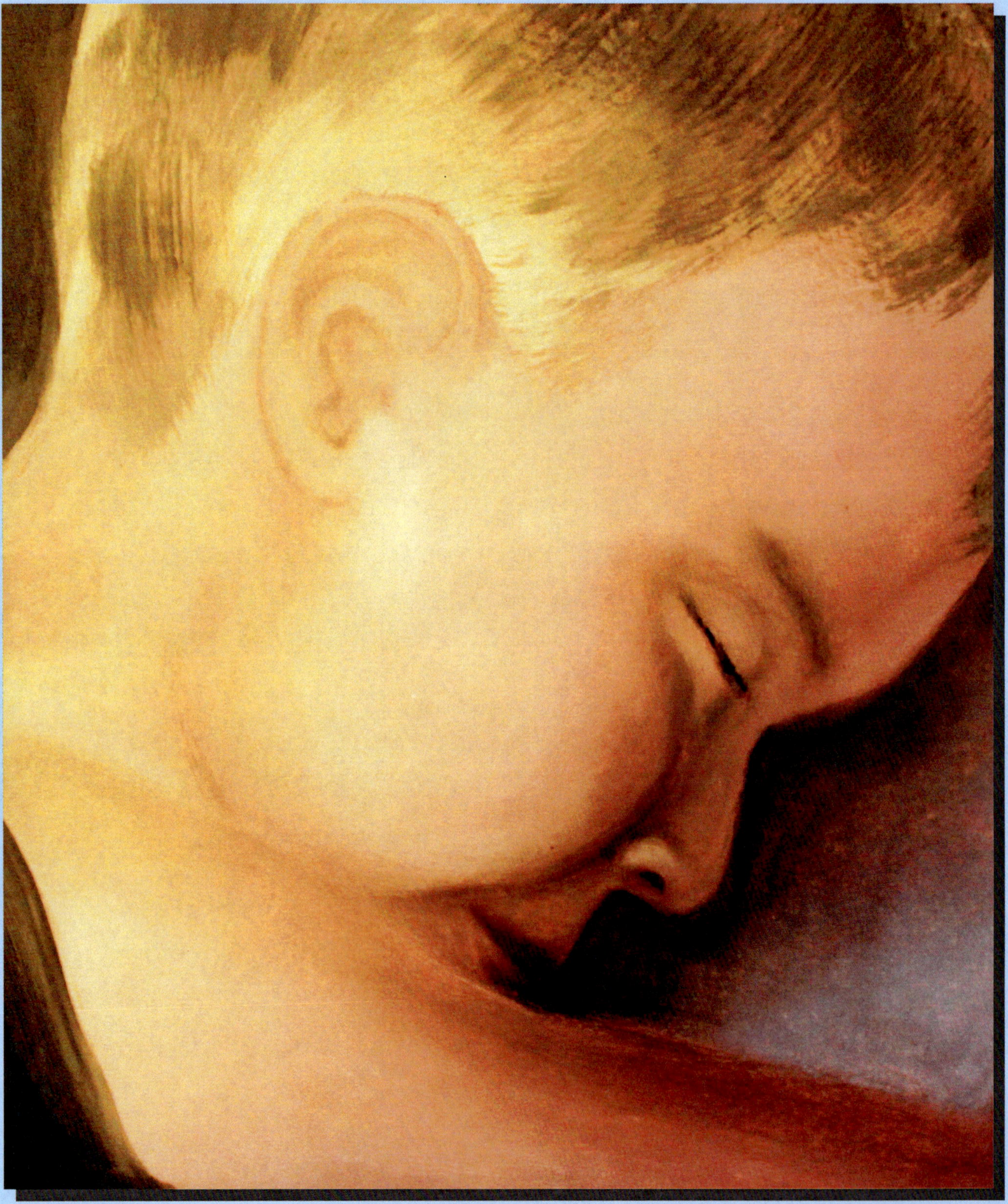